SOMMAIRE

Your Name.

RÉSUMÉ DES VOLUMES PRÉCÉDENTS.

DANS UN MOIS, LA COMÈTE QUI REVIENT TOUS LES 1 000 ANS VA FRÔLER LE JAPON.

DANS UN VILLAGE PERDU AU MILIEU DES MONTAGNES, MITSUHA, UNE LYCÉENNE, S'ENNUIE À MOURIR.

ELLE SUPPORTE MAL L'ENGAGEMENT DE SON PÈRE, LE MAIRE EN PLACE QUI S'INVESTIT TOTALEMENT DANS SA CAMPAGNE ÉLECTORALE, ET LE POIDS DES TRADITIONS ANCESTRALES DU SANCTUAIRE SHINTOÏSTE TENU PAR SA FAMILLE. DANS CE PETIT BOURG, MITSUHA, QUI SOUFFRE DU REGARD DES AUTRES À CET ÂGE SENSIBLE DE L'ADOLESCENCE, NOURRIT EN ELLE LE DÉSIR D'ALLER VIVRE À TOKYO.

UN JOUR, ELLE FAIT UN RÊVE DANS LEQUEL ELLE DEVIENT UN GARÇON. À SON RÉVEIL, ELLE NE RECONNAÎT NI SA CHAMBRE NI SES AMIS, ET DEVANT SES YEUX, S'ÉTEND UNE VUE DE TOKYO. ELLE DÉCIDE ALORS DE PROFITER PLEINEMENT DE CETTE VIE DE TOKYOÏTE DONT ELLE RÊVAIT DEPUIS SI LONGTEMPS.

DE SON CÔTÉ, TAKI, LYCÉEN À TOKYO, FAIT LUI AUSSI UN RÊVE ÉTRANGE DANS LEQUEL IL DEVIENT UNE LYCÉENNE AU FIN FOND DE MONTAGNES OÙ IL N'EST POURTANT JAMAIS ALLÉ.

CES RÊVES ÉTRANGES SE RÉPÈTENT MAIS ILS ÉCHAPPENT À LA MÉMOIRE ET AU TEMPS.

LEURS CORPS S'ÉCHANGENT À PLUSIEURS REPRISES. CERTES, CE PHÉNOMÈNE LES TROUBLE, MAIS TAKI ET MIT-SUHA FINISSENT PAR ACCEPTER CETTE RÉALITÉ. TANTÔT ILS SE DISPUTENT À TRAVERS DES MESSAGES ÉCRITS QU'ILS S'ADRESSENT, TANTÔT ILS SURMONTENT LES SITUATIONS DIFFICILES EN PRENANT PLAISIR À VIVRE LA VIE DE L'AUTRE. MAIS ALORS QU'ILS SONT DEVENUS TRÈS PROCHES, L'ÉCHANGE S'INTERROMPT BRUSQUEMENT. TAKI RÉALISE PEU À PEU LE CARACTÈRE EXCEPTIONNEL DES LIENS QUI LES UNISSENT. C'EST ALORS QU'IL DÉCIDE DE PARTIR À LA RENCONTRE DE MITSUHA.

"JE PARS À TA RECHERCHE, TOI QUE JE N'AI ENCORE JAMAIS RENCONTRÉE."

À SON ARRIVÉE, UNE SURPRENANTE VÉRITÉ L'ATTEND.

Dessin :
RANMARU KOTONE
Scénario :
MAKOTO SHINKAI

03.

CHAPITRE 7

TESSIE, TU ES CHARGÉ DES EXPLOSIFS ! LA RÉUSSITE DE NOTRE STRATÉGIE DÉPEND DE TON SUCCÈS. JE COMPTE SUR TOI !

TU PARLES !

TESSIE, TU ES CHARGÉ DES EXPLOSIFS ! LA RÉUSSITE DE NOTRE STRATÉGIE DÉPEND DE TON SUCCÈS. JE COMPTE SUR TOI ! !

SALUT.

CLAP

BON.

VOUS ALLEZ VOIR CE QUE VOUS ALLEZ VOIR !

4

J'AI TOUT CE QU'IL ME FAUT...

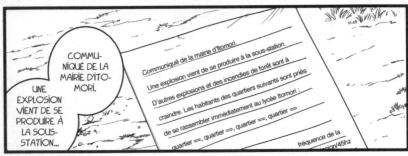

COMMU-
NIQUÉ DE LA
MAIRIE D'ITO-
MORI.

UNE
EXPLOSION
VIENT DE SE
PRODUIRE À
LA SOUS-
STATION...

Communiqué de la mairie d'Itomori.

Une explosion vient de se produire à la sous-station.

D'autres explosions et des incendies de forêt sont à

craindre. Les habitants des quartiers suivants sont priés

de se rassembler immédiatement au lycée Itomori :

quartier ==, quartier ==, quartier ==, quartier ==

fréquence de la
émission/45hz

OH, NON.
JE DOIS
VRAIMENT
LIRE ÇA ?
MOI ? IM-
POSSIBLE
!

HÉ ! SAYAKA !

CRIII

CHLING

ÇA Y EST, TESSIE, TU AS TOUT PRÉPARÉ ?

TÏ DAP TÏ DAP

QU'EST-CE QU'IL Y A ? TU AS L'AIR DÉMORA- LISÉE.

TAP DD

TOUT EST PRÊT.

AH

IMPEC- CABLE.

SI JAMAIS...

LE SORT DE TOUTE LA POPULATION REPOSE SUR TA TRANS-MISSION.

SI JAMAIS J'ÉCHOUAIS ET QUE QUELQU'UN SOIT BLESSÉ...

QUOI ? C'EST MAIN-TENANT QUE TU DOUTES DE TOI ?

CETTE TRANS-MISSION ?

ET SI JAMAIS JE RA-TAIS...

T'INQUIÈTE, ÇA VA ALLER.

POF POF

POF

RIEN QUE D'Y PENSER, ÇA ME REND FOLLE...

AAAAAAH

TU AS UNE VOIX AGRÉABLE.

TOUT IRA BIEN.

ELLE RASSURERA LES GENS.

HEIN ?

TOI, SI ON T'EXPLIQUE PAS TOUT...

MAIRIE D'ITOMORI

TU POURRAIS PAR EXEMPLE ME DIRE QUELQUE CHOSE COMME "SI TU RÉUSSIS, JE T'ACHÈTERAI UN GROS GÂTEAU."!

HEIN?!

POURQUOI?!

ATTENDEZ LÀ UN INSTANT.

JE VOUS EN PRIE

!

MAIRIE D'ITOMORI

MIT-SUHA !

TU ME DIS QUE CETTE COMÈTE VA TOMBER SUR LA VILLE D'ITOMORI...

ET QUE PLUS DE 500 PERSONNES VONT MOURIR...

C'EST ÇA QUE TU ES EN TRAIN DE ME DIRE, MITSUHA ?

SI JE LUI EXPLIQUE, IL VA COMPRENDRE !

SI LE PÈRE DE MITSUHA INTERVIENT, TOUS LES HABITANTS PEUVENT ÊTRE SAUVÉS.

OUI, C'EST ÇA.

TU DOIS CON-VAINCRE TOUS LES HABITANTS D'ÉVACUER LA VILLE.

TOUS LES HABITANTS, S'IL TE PLAÎT...

IL Y A LONGTEMPS QUE NOUS NE NOUS SOMMES PAS VUS, ET TU VIENS ME RACON-TER UNE HISTOIRE ABRACADA-BRANTE....

COMME QUOI LA COMÈTE VA TOMBER SUR LA VILLE ?

C'EST RIDICULE !

JE N'AI PAS DE TEMPS À PERDRE. INUTILE DE CONTINUER CETTE CONVERSATION ABSURDE.

CE DÉLIRE EST VRAIMENT DANS LES GÈNES DES MIYAMIZU...

IL N'Y A RIEN À FAIRE.

J'APPELLE L'HÔPITAL. UNE VOITURE VA T'EMMENER CONSULTER UN MÉDECIN.

ESPÈCE DE SALAUD !

QU'EST-CE QUI TE PREND, MITSUHA ?

AH

!

TU N'ES PAS MITSUHA...

TU N'ES PAS...

AH MERDE !

...

RENDEZ-
VOUS CE
SOIR AU
SANCTUAIRE
!

N'Y
ALLEZ
PAS
!

MAIS
JE NE
SUIS
PAS
MITSUHA
!

JE
N'AI
PAS
RÉUSSI
...

POUR-QUOI ALLER À...

GRAN-DE SŒUR ?

AH !

PEUT-ÊTRE QUE...

24

PASSE-MOI TON VÉLO.

MITSUHA SERAIT DONC ALLÉE À TOKYO ?

HÉ ! MINUTE ! ET NOTRE PLAN ?

PRÉPAREZ TOUT COMME CONVENU.

MAIS
POURQUOI...

MITSUHA
?

TAKI...

OU
BIEN
SERAS-
TU...

C'EST QUE SI NOUS NOUS RETROUVONS, NOUS SAURONS IMMÉDIATEMENT...

CE QUI EST CERTAIN...

ON N'A
AUCUNE
CHANCE...

SENDAGA

AUCUNE
CHANCE
DE SE
RETROU-
VER.

TAKI...

HEU...
JE...

OUI
?

TODOM

ZUT...

TU NE TE RAP- PELLES PAS ?

HEU...

HÉ
!

YOTSUYA

9

OH NON...
COMMENT C'EST
POSSIBLE
?

QUAND LES
ÉTOILES SONT
TOMBÉES DU
CIEL...

CE
JOUR-LÀ...

C'ÉTAIT
COMME
UN
PAYSAGE
DE
RÊVE.

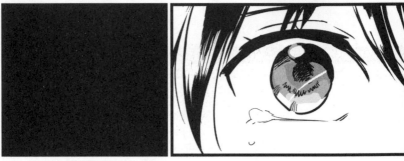

EST-CE
QUE JE
SUIS
MORTE
?

MIT-
SUHA...

C'EST
"KATAWARE-
DOKI", LE
CRÉPUS-
CULE.

CHAPITRE 7 - FIN

CHAPITRE 8

JE SUIS VENU POUR TE VOIR.

MOI... À CE MOMENT-LÀ...

MAIS COMMENT AS-TU FAIT ?

J'AI EU UN MAL FOU PARCE QUE TU ÉTAIS TERRIBLEMENT LOIN.

J'AI BU TON "KUCHIKAMI-SAKE".

EXCUSE-MOI, MAIS JE NE L'AI FAIT QU'UNE SEULE FOIS.

YOTSUHA A TOUT VU.

COMMENT TU LE SAIS ?

COMMENT ÇA UNE SEULE FOIS ?

UNE OU PLUSIEURS FOIS, C'EST PAREIL ! IMBÉCILE !

AH, ÇA...

OH, TU L'AS ?

C'EST À TOI, MAINTENANT, DE PORTER CETTE TRESSE.

D'AC-CORD.

ÇA ME VA BIEN ?

QU... QUOI ?!

EUH...

PAS MAL...

TU NE LE PENSES PAS VRAI-MENT !

MAIS SI... HA HA. EXCUSE-MOI.

T'ES VRAI-MENT DÉBILE.

EN FAIT, QUI ES-TU ?

JE SUIS VENU ICI DANS QUEL BUT ?

POUR LA RENCONTRER !

JE SUIS VENU POUR LA RENCONTRER !

POUR LA SAUVER !

C'EST QUI ? MAIS QUI ? MAIS QUI ?

QUE JE NE DOIS PAS OUBLIER !

CET ÊTRE CHER QUE JE NE VEUX PAS OUBLIER...

JE SUIS VENU RENCONTRER QUI ?

MAIS C'EST QUI, ELLE ?

POUR QU'ELLE NE MEURE PAS !

AH !

MITSUHA ! OÙ ÉTAIS-TU PASSÉE ?

TU M'EXPLI-QUERAS ÇA PLUS TARD.

?!

MOI !

IL EST DÉSOLÉ D'AVOIR CASSÉ TON VÉLO.

QU'EST-CE QUE TU DIS ? QUI ?

SÛRE
ET
CERTAINE
!

TU
ES SÛRE
QU'ELLE VA
TOMBER
SUR NOUS
?

DE TES
PROPRES
YEUX
?

JE
L'AI VU
DE MES
PROPRES
YEUX.

NOUS
VOILÀ
DEVENUS
COMPLICES
D'ACTE
CRIMINEL.

SI
TU LE
DIS,
C'EST
PARTI
!

CLANG

ON
Y VA,
MITSUHA !
AH
!

ZIOUP

QUEL
EST CE
BRUIT
?

QU'EST-
CE QUI SE
PASSE
?

UN
ACCIDENT ?
EST-CE QUE
C'EST DANGE-
REUX
?

BROUHAHA
ザワ

BROUHAHA
ザワ

TES-
SIE
!

UNE
COUPURE
DE COU-
RANT ?

UNE
EXPLOSION
VIENT DE
SE PRODUIRE
À LA STATION DE
TRANSFORMA-
TION ÉLEC-
TRIQUE.

COMMUNI-
QUÉ DE LA
MAIRIE
D'ITOMORI.

LES HABITANTS DES QUARTIERS SUIVANTS SONT PRIÉS DE SE RASSEMBLER IMMÉDIATEMENT AU LYCÉE ITOMORI.

D'AUTRES EXPLOSIONS ET DES IN-CENDIES DE FORÊT SONT À CRAINDRE.

QUARTIER MIYAMORI, QUARTIER OYAZAWA...

QUARTIER KADOIRI, QUARTIER SAKAGAMI...

MAIS ALORS, QUI PARLE ?

LA TRANSMIS-SION NE VIENT PAS DE LA MAIRIE ?

IM-
POS-
SIBLE
DE ME
RAPPE-
LER SON
NOM
!

!

IMPOS-
SIBLE...

QU'EST-
CE QUE
ÇA PEUT
FOUTRE
?

T'ES
FOLLE
OU
QUOI
!

TU AS RAISON !

ÉVA-CUEZ, TOUS ! REPLIEZ-VOUS SUR LE LYCÉE !

BOOUM

AAARGH

PERSONNE NE COMMET-TRAIT UN ATTEN-TAT DANS UN COIN SI PERDU !

AUCUN INCENDIE DE FORÊT ?

AUCUN ? BON.

QUE L'ENQUÊTE EST EN COURS.

QUE DIT LA SOCIÉTÉ D'ÉLECTRI-CITÉ DU CHUBU ?

JE RÉPÈTE.

FAITES TOUT DE SUITE CESSER LA TRANS-MISSION !

LES HABITANTS DES QUARTIERS SUIVANTS SONT PRIÉS DE SE RASSEMBLER IMMÉDIATEMENT AU LYCÉE ITOMORI.

JE RÉPÈTE. LES HABITANTS DES QUARTIERS SUIVANTS SONT PRIÉS DE SE RASSEMBLER IMMÉDIATEMENT AU LYCÉE... AHHHH !

!

ÇA PROVIENT DU LYCÉE ?

ON NE SAIT TOUJOURS PAS D'OÙ ELLE VIENT ?

MONSIEUR LE MAIRE ! LA CENTRALE DE TAKAYAMA VIENT DE NOUS INFORMER...

MERDE !

SAYAKA...

QU'EST-CE QUE TU FABRIQUES ? ARRÊTE ÇA TOUT DE SUITE !

TU ES INSUPPORTABLE !

ICI, LA MAIRIE D'ITO-MORI.

QUELLE PAGAÏLLE TU VIENS DE DÉCLEN-CHER !

SNIF

NOUS SOMMES EN TRAIN D'ÉTUDIER LA SITUA-TION SUITE À L'EXPLO-SION.

EN ATTEN-DANT LES CONSI-GNES.

ON NOUS DEMANDE DE NE PAS BOUGER.

QUE CHACUN RESTE OÙ IL EST, SANS PANI-QUER...

C'EST ORDRE ET CONTRE-ORDRE !

KAT-
SU-
HIKO
!

IL FAUT VOUS RÉFUGIER AU LYCÉE.

MAIS NON ! IL FAUT ÉVACUER !

QU'EST-CE QUE TU ES EN TRAIN DE MANI-GANCER ?

QUOI ?!

!

PARDON, MITSUHA. TOUT EST FINI...

HMM
...

COMMENT
RETROU-
VER TON
NOM
?

AVEC
ÇA...

COMME
TA MÈRE
FUTABA...

COMME
UN PAYSAGE
DE RÊVE.

C'ÉTAIT...

NI PLUS NI MOINS QU'UN SPECTACLE D'UNE SPLENDEUR INCROYABLE.

DIS...

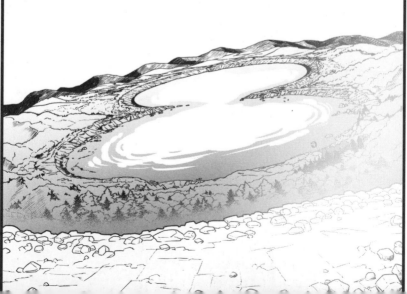

TIENS
?

QUE...

QU'EST-
CE QUE
JE FAIS
LÀ
?

CHAPITRE 8 - FIN

CHAPITRE 9

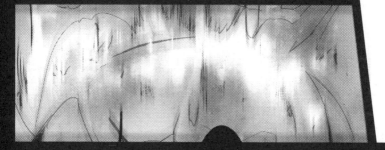

BIZARRE...
POURTANT
JE NE
PLEURE
PAS.

PSSSHHH

À
MON
RÉVEIL,
LE MA-
TIN...

PSHHH

PSHHH

IL
M'ARRIVE
D'ÊTRE EN
LARMES.

ÇA M'ARRIVE DE TEMPS EN TEMPS.

JE CHERCHE
QUELQU'UN...

TAP
TAP

OU QUELQUE CHOSE.

8 ANS APRÈS LA CATASTROPHE CAUSÉE PAR LA COMÈTE

CETTE SENSATION M'OBSÈDE... PROBABLEMENT...

DEPUIS CE FAMEUX JOUR.

PENDANT LES ÉVÉNE-MENTS...

J'AI SENTI L'ABSENCE DE QUELQU'UN AVEC QUI J'AURAIS VOULU ME RÉJOUIR DE CE MIRACLE.

À L'UNIVERSITÉ

LISTE DES ADMIS

APRÈS CELA, J'AI PASSÉ LE CONCOURS D'ENTRÉE À L'UNIVER-SITÉ...

ET J'AI, APRÈS, COMMENCÉ À TRAVAILLER DANS UNE ENTREPRISE À TOKYO.

CETTE VIE À TOKYO, DONT JE RÊVAIS TANT, REMPLISSAIT MES JOURS ET JE M'ÉPA-NOUISSAIS...

MAIS J'AVAIS L'IMPRESSION QUE QUELQUE CHOSE ME MANQUAIT.

SPLAT

BIP

QUOI ?

VRRR

QUI EST-CE ? JE NE CONNAIS PAS CE NUMÉRO...

OUI !

BOUM DOKI
BOUM DOKI

TU AS L'AIR DÉÇUE. C'EST PAS SYMPA.

OH ! C'EST TOI, TESSIE.

ET MOI, VOUS M'ACCEPTEZ, LES FILLES ?

COMME JE SAVAIS QUE VOUS VENIEZ, J'AI RÉSERVÉ UNE TABLE DANS UN TRÈS BON RESTAURANT.

HÉ, OH ! ET MOI, JE NE COMPTE PAS ?

MA MITSUHA !

ÇA ME FAIT PLAISIR APRÈS TOUT CE TEMPS, SAYAKA !

VRAIMENT ? C'EST CHOUETTE !

109

IN-CROYABLE ! C'EST VRAIMENT DÉLICIEUX !

DIS DONC ! C'EST QUOI ?

TU Y ES VENUE AVEC TA SOCIÉTÉ ?

COMMENT AS-TU CONNU CE RESTO SI COOL ?

"CARPACCIO" ? "MOUSSE" ? ON DIRAIT DES INCANTATIONS.

NON, JE....

SI ON N'ÉTAIT PAS VENUS, ON N'AURAIT JAMAIS DÉCOUVERT CE MONDE MYSTÉRIEUX DE LA GASTRONOMIE ! UNE VRAIE "RENCONTRE DU TROISIÈME TYPE" !

JE L'AI DÉCOUVERT PAR HASARD, PENDANT MA PREMIÈRE ANNÉE À TOKYO, QUAND J'ÉTAIS ÉTUDIANTE À LA FAC.

À BIENTÔT !

ON TE RECONTAC-TERA UNE FOIS QU'ON AURA FIXÉ LA DATE.

EN EFFET... POURTANT ÇA FAIT DÉJÀ HUIT ANS.

IL FAUDRAIT QU'ELLE S'AUTORISE À VIVRE SA VIE.

ELLE NE S'EST PEUT-ÊTRE PAS ENCORE SORTIE TOUT À FAIT DE LA CATASTROPHE DE LA CO-MÈTE.

LA VIE DE MITSUHA N'A PAS L'AIR FACILE.

EN PLEINE RECHERCHE D'EMPLOI ?

ILS M'ONT TOUS DIT LA MÊME CHOSE.

HA HA HA.

À CAUSE DE CE COSTUME QUI NE TE VA PAS, N'EST-CE PAS ?

QUOI ?

OUI, ET C'EST DIFFICILE.

J'AVAIS ENVIE DE TE VOIR. ON NE S'EST PAS VUS DEPUIS LONG-TEMPS.

JE PASSAIS, POUR MON TRA-VAIL.

QUE FAITES-VOUS PAR ICI ?

TU ÉTAIS ENCORE AU LYCÉE, C'ÉTAIT...

TU TE SOUVIENS DU JOUR OÙ NOUS SOMMES ALLÉS À ITOMORI ?

QUE DE CHOSES OUBLIÉES AU COURS DE CES ANNÉES.

IL Y A CINQ ANS ? ÇA FAIT UN BAIL !

EN FAIT, JE NE ME SOUVIENS QUE DE ÇA.

MOI, JE SUIS RESTÉ TOUTE LA NUIT, SEUL DANS LA MONTAGNE.

J'AI LAISSÉ TSUKASA ET Mᴸᴸᴱ OKUDERA RENTRER SEULS À TOKYO... ÉTAIT-CE À CAUSE D'UNE DISPUTE ?

MOI AUSSI, J'AI OUBLIÉ BIEN DES CHOSES DE CETTE ÉPOQUE.

LA VILLE ENTIÈRE A ÉTÉ DÉTRUITE PAR UNE MOITIÉ DE COMÈTE.

ÉTRANGEMENT, L'HISTOIRE DE CETTE COMÈTE A LONGTEMPS CONTINUÉ À M'OBSÉDER.

JE NE CONNAISSAIS PERSONNE DANS CETTE VILLE.

POURTANT, LA MAJORITÉ DES HABITANTS A ÉTÉ MIRACULEUSEMENT SAUVÉE.

JE NE SAIS PAS MOI-MÊME CE QUI M'A POUSSÉ À TANT ME PASSIONNER POUR CETTE CATASTROPHE.

MERCI.
INUTILE DE
M'ACCOM-
PAGNER PLUS
LOIN.

TOI
AUSSI...

IL
FAUDRA
QUE TU
TROUVES LE
BONHEUR.

JE CHERCHE QUELQUE CHOSE...

OU QUELQU'UN.

LE 4 OCTOBRE 2013   LA VILLE D'ITOMORI A BRUSQUEMENT DISPARU.

J'AI SANS CESSE CETTE SENSATION.

POURQUOI LE PAYSAGE D'UNE VILLE QUI N'EXISTE PLUS...

PROVOQUE-T-IL UNE TELLE OPPRESSION DANS MON CŒUR ?

SANCTUAIRE MIYAMIZU
(446 ~ 2013)

CE N'EST PEUT-ÊTRE QU'UNE IMPRESSION ?

À L'ATTENTION DE
Mlle MITSUHA MIYAMIZU

INVITATION À LA RÉUNION
DES ANCIENS ÉLÈVES

MAMIE VA BIEN ? TANT MIEUX.

JE CHOISIRAI TON FUTUR MARI POUR T'OBLIGER À TE MARIER !

SI, CETTE ANNÉE ENCORE, TU NE REVIENS PAS...

MAIS JE SUIS TRÈS OCCUPÉE À CETTE PÉRIODE DE LA RENTRÉE.

OUI, JE SAIS. J'AIMERAIS BIEN REVENIR DE TEMPS EN TEMPS...

AAAAAAAH

JE TE LAISSE L'EXPLIQUER À TOUT LE MONDE, YOTSUHA.

TU RÉPÈTES TOUJOURS ÇA !

J'IGNORE TOUT ÇA...

NI SI JE CHERCHE QUELQUE CHOSE.

MAIS...

ENCORE UN PEU...

ET PEUT-ÊTRE QUE JE NE LE SAURAI JAMAIS.

JE CHERCHAIS SANS CESSE...

PRIÈRE DE NE PAS GÊNER
LA FERMETURE DES PORTES.

SANS CESSE...

QUEL-QU'UN
!

EXCUSEZ-MOI !

Quel
est
ton
nom
?

FIN

Your Name.

Fin

special thanks

**Akihiro
Kurihara**

Titre original :
Your Name., vol. 3
© Ranmaru Kotone 2017
© 2016 TOHO CO., LTD. / CoMix Wave Films Inc. /
KADOKAWA CORPORATION /
East Japan Marketing & Communications, Inc. /
AMUSE INC. / voque ting co., ltd. /
Lawson HMV Entertainment, Inc.
First published in Japan in 2017
by KADOKAWA CORPORATION, Tokyo.
French translation rights arranged
with KADOKAWA CORPORATION, Tokyo
through Tohan Corporation, Tokyo.

French translation rights : Pika Édition.

Traduction du japonais : Shoko Takahashi
Adaptation graphique : Nord Compo
Maquette de couverture : Hervé Hauboldt
Suivi éditorial : Anne-Charlotte Velge
Responsable éditorial : Mehdi Benrabah

© 2017 Pika Édition
ISBN : 978-2-8116-3815-3
Dépôt légal : octobre 2017

Achevé d'imprimer en Italie
par Grafica Veneta en novembre 2020

PAPIER À BASE DE
FIBRES CERTIFIÉES

Pika Édition s'engage pour l'environnement en
réduisant l'empreinte carbone de ses livres.
Rendez-vous sur www.pika-durable.fr

www.pika.fr